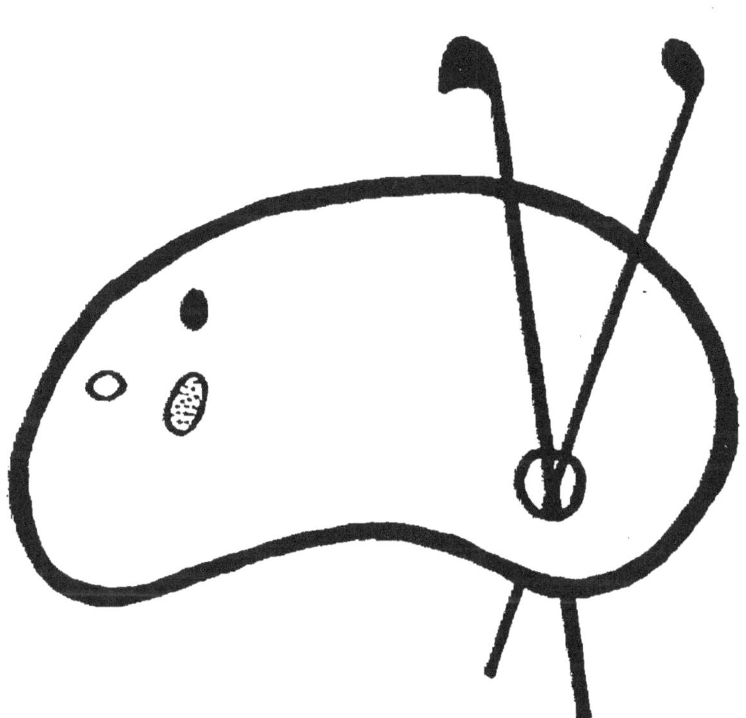

DÉBUT D'UNE SÉRIE DE DOCUMENTS
EN COULEUR

DOCUMENTS HISTORIQUES SUR LE FOREZ

RECUEILLIS ET ANNOTÉS

PAR

ARTHUR DAVID

ALEXIS-JEAN DE LASCARIS D'URFÉ

MARQUIS DU CHASTELLET

PRIX : 2 FRANCS

ROANNE

IMPRIMERIE CHORGNON ET BARDIOT, RUE DE SULLY

OCTOBRE 1891

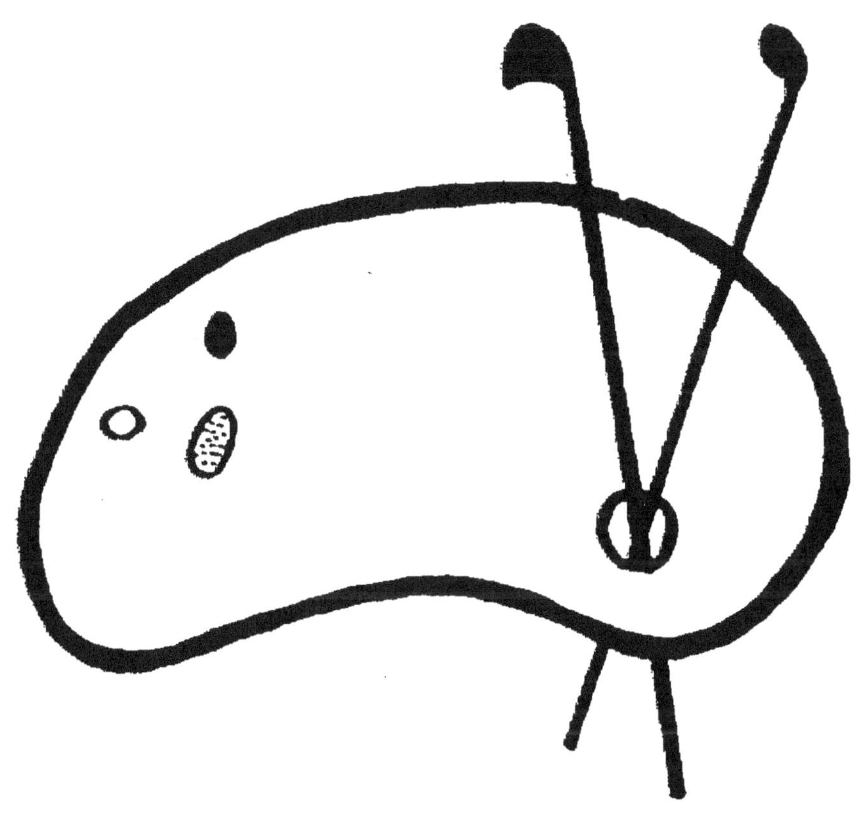

FIN D'UNE SERIE DE DOCUMENTS
EN COULEUR

ALEXIS-JEAN DE LASCARIS D'URFÉ

MARQUIS DU CHASTELLET

Cette plaquette a été tirée à 106 exemplaires.

100 exemplaires sur papier ordinaire;
6 exemplaires sur papier de Hollande.

106

DOCUMENTS HISTORIQUES SUR LE FOREZ

RECUEILLIS ET ANNOTÉS

PAR

ARTHUR DAVID

ALEXIS-JEAN DE LASCARIS D'URFÉ

MARQUIS DU CHASTELLET

ROANNE

IMPRIMERIE CHORGNON ET BARDIOT, RUE DE SULLY

—

OCTOBRE 1891

ALEXIS-JEAN DE LASCARIS D'URFÉ

MARQUIS DU CHASTELLET

I

La lumière n'a pas encore été complètement faite sur l'histoire des derniers seigneurs d'Urfé, et les auteurs contemporains qui se sont occupés de cette illustre famille, ont négligé, soit à dessein, soit peut-être par ignorance, de mettre au jour des documents qui intéressent au plus haut degré nos annales foréziennes.

L'heure semble être venue de combler, autant qu'il est possible, cette regrettable lacune et de publier, sans parti-pris ni préjugés mesquins, qui n'ont plus cours de notre temps, les pièces inconnues et inédites, qui peuvent concerner l'histoire du Forez.

Ce devoir incombe surtout, dans la mesure du possible, à tous ceux qui s'occupent de travaux archéologiques. C'est pour ce motif qu'on lira cer- tainement avec curiosité la pièce de procédure ci-après qui renferme des renseignements très précis sur la situation pécuniaire de Alexis-Jean de Lascaris d'Urfé, marquis du Chastellet (1).

Toutefois, il m'a semblé utile de la faire précéder de quelques notes historiques destinées à la compléter.

En vertu de la substitution graduelle et perpétuelle établie, en 1511, par Anne de Lascaris, femme de René de Savoie, portant qu'à défaut de mâles dans la famille d'Urfé, l'aînée des filles ferait prendre à son mari le nom et les armes des Lascaris, Joseph-Marie, marquis d'Urfé et de Bagé, comte de Sommerive, lieutenant du haut et du bas Limousin en 1686, alors que son frère aîné était évêque de Limoges, et qui mourut à Paris le 13 octobre 1724 à l'âge de 72 ans sans laisser de postérité, eut pour héritier Louis-Christophe de Larochefoucauld, marquis de Langeac, petit-fils de sa sœur aînée Marie-Françoise, qui n'avait eu que des filles.

Au commencement du xviiie siècle, la fortune des d'Urfé s'était fortement amoindrie et cette situation critique ne fit qu'augmenter jusqu'au moment où disparut, victime de la Révolution, le dernier représentant de cette illustre maison.

Les Archives nationales et les mémoires de l'é-

---

(1) C'est ainsi, croyons-nous, que doit être orthographié le nom de cette famille, qu'il ne faut pas confondre avec les du Châtelet, originaires de Lorraine : Moreri, la Chenaye-Desbois et d'autres généalogistes ne l'écrivent pas autrement. Cette opinion est du reste confirmée par la signature d'Achille du Chastellet, qui se trouve sur une lettre autographe conservée aux Archives nationales.

poque nous fournissent, à cet égard, de curieuses et lamentables révélations.

François de Larochefoucauld, marquis d'Urfé, expose dans une requête, adressée au roi, que l'un de ses créanciers, le sieur Moreau, a fait saisir, pour une dette de 345 livres, ses deux chevaux; ce qui le met dans l'impossibilité de faire son service auprès de M⁰ le Dauphin. Le roi, en son conseil, accorde main-levée de cette saisie (8 décembre 1703).

Voici un autre arrêt du 17 décembre suivant, qui contient des détails plus complets sur la position financière du requérant : le marquis de Larochefoucauld fait connaître qu'il a déjà soldé 350,000 livres sur les 430,000 qu'il devait, tant pour son père que pour ses frères et lui; il ajoute qu'il ne redoit plus que 80,000 livres qu'il aurait pu payer sans les circonstances actuelles.

Il explique que les biens de la maison d'Urfé consistent en terres situées dans les provinces du Forez et de Bresse, qu'il touche en outre 2,000 écus de Sa Majesté, ce qui lui donne 18,000 livres de rentes qu'il emploie à désintéresser ses créanciers. Il ne s'est réservé pour ses besoins que la terre de Sommerive en Piémont qui rapporte 19,700 livres de revenu. La guerre actuelle faite au duc de Savoie, l'empêche de percevoir ses rentes qui sont son unique ressource pour vivre. Il sollicite, dès lors, un arrêt de surséance de trois ans, pendant lesquels il pourra jouir de ses biens situés en France, tout en s'obligeant à payer à ses créanciers les intérêts des 80,000 livres qui leur restent dues.

Le roi, faisant en partie droit à sa demande, lui

accorde un délai d'une année, pendant laquelle ses créanciers ne pourront exercer contre lui aucunes poursuites; ils recevront les intérêts échus, mais ils seront autorisés à pratiquer des saisies régulières entre les mains des débiteurs du marquis d'Urfé(1).

Louis de Larochefoucauld, nommé bailli du Forez en 1724, fut colonel du régiment de la Roche-Guyon, auquel il donna le nom d'Urfé. Il mourut âgé de trente ans au camp de Tortone, le 7 janvier 1734. Il avait épousé Jeanne Camus de Pontcarré qui lui survécut très longtemps. C'était une femme fort distinguée, d'un esprit très fin, mais originale et superstitieuse à l'excès dont les chroniqueurs du siècle dernier se sont fort occupés.

Il avait eu de ce mariage un fils, Jean-Antoine-François, baptisé à la Bastie le 28 septembre 1727, qui mourut en 1742, et deux filles, dont l'aînée Adélaïde-Marie-Thérèse, fut mariée le 17 mai 1754 à Alexis-Jean, marquis *du Chastellet*, seigneur de Fresnières, gouverneur de Bray-sur-Somme, etc., mais gentilhomme sans fortune : elle apporta tous ses titres à son époux qui échangea ses armes, *de gueules à la fasce d'argent accompagnée de trois tours d'or, deux en chef et l'autre en pointe* contre celles d'Urfé, *de vair au chef de gueules.*

Les nouveaux mariés vinrent habiter le château de la Bastie. Ils pouvaient, vu la médiocrité de leur fortune, y vivre à moins de frais, sans déroger au grand nom qu'ils portaient.

---

(1) Archives nationales, vol. E n° 1924.

Ils eurent trois fils, tous nés en Forez, savoir :

1º Alexis-Jean-Camille de Lascaris d'Urfé du Chastellet, né le 19 avril 1755, mort le 29 novembre 1756 ;

2º Arnulphe-Robert-Marie, né le 26 août 1756, mort le 2 janvier 1757 ;

3º Achille-François, né le 3 novembre 1759, qui continua la race et mourut à Paris le 20 mars 1794.

Un an après leur mariage, ils avaient fait l'acquisition d'une maison sise à Paris, rue Saint-Guillaume, près le boulevard Saint-Germain (26 février 1755), qui leur servit d'abord de pied-à-terre et devint plus tard leur résidence habituelle. Ils étaient en effet obligés de se rendre souvent dans la capitale, soit pour tâcher d'attendrir d'impitoyables créanciers, obtenir d'eux des délais, soit pour soutenir les procès que leur avait intentés la vieille marquise d'Urfé.

On raconte — et l'anecdote est vraie — que pour effectuer un de ces voyages urgents, ils avaient réalisé quelque argent par la vente de divers objets enlevés à la demeure seigneuriale ; ils emportaient aussi des bijoux d'une assez grande valeur, dont ils furent dépouillés, avant d'entrer à Paris, par des créanciers venus à leur rencontre.

Le marquis de Chastellet, abreuvé de toutes les amertumes, brisé par le chagrin, finit par succomber sous le poids des plus cruelles épreuves. Il laissait un fils unique en bas âge et une veuve dont la douleur fut inconsolable. Pourvue d'un curateur, sur les instances de la famille qui avait obtenu son interdiction, elle vint volontairement s'enfermer dans une maison de religieuses à Conflans, près de Charenton, mais sans être en aucune façon atteinte de folie, comme on s'est plu trop légèrement à le répéter.

Après la mort de son père, Achille du Chastellet fut légalement pourvu d'un tuteur, dont je n'ai pu retrouver ni le nom ni les qualités.

Au décès de sa grand-mère, qui avait daigné quelque peu s'occuper de lui, il trouva encore enfant, un asile chez une de ses tantes. On doit dire, à l'éloge de cette dernière, qu'il fut élevé avec le plus grand soin et que son éducation ne laissa rien à désirer. D'une intelligence très vive, mûri à l'école du malheur, ce jeune homme avait compris qu'il devait porter dignement le nom de ses ancêtres. Il fut, en effet, à un moment donné, un personnage en vue et semblait destiné à un brillant avenir, s'il n'était devenu la victime de cette Révolution, dont il avait embrassé avec trop d'enthousiasme les idées libérales, sans prévoir que, commençant par la liberté, elle finirait dans le sang.

Voici maintenant la copie textuelle, et dans toute leur intégrité, des lettres de requête civile de la marquise de Chamoy et de ses fils, dont les lignes qui précèdent me semblaient devoir être le préambule obligatoire.

II

Lettres de requête civile et de relief de laps de temps *pour la dame veuve du marquis de Chamoy, et les sieurs baron et chevalier de Chamoy, ses fils, au sujet de l'ordre et distribution des biens du marquis du Chastellet.*

Du 27 février 1788.

Louis, par la grâce de Dieu, roi de France et de Navarre, à nos amés et féaux conseillers en nos conseils, les gens tenant notre cour de Parlement de Paris.

De la partie de Anne-Marguerite Le Cler de Lesseville, veuve de Pierre-Jacques Rousseau de Chamoy et commune en biens avec lui, Louis François Rousseau de Chamoy, Jacques Rousseau de Chamoy, seuls et uniques héritiers, chacun pour moitié du dit feu sieur marquis de Chamoy, au moyen de la renonciation par leurs autres frères et sœurs, et ses légataires universels à sa succession, Nous a été exposé que, par un arrêt du Parlement de Paris du premier décembre 1769, qui contient l'ordre et distribution du prix des biens de Jean-Alexis de Lascaris d'Urfé, marquis de Châtelet, et d'Adélaïde-Marie-Thérèse de Lascaris de la Rochefoucault d'Urfé, marquise de Châtelet, ils éprouvent la perte d'une somme d'environ 50,000 livres, lorsque les titres les plus formels et les circonstances les plus décisives doivent leur assurer une collocation utile et leur payement.

En effet, après l'acquisition faite le 26 février

1755, par le marquis et la marquise du Châtelet *solidairement,* du douzième d'une maison, rue Saint-Guillaume, appartenant au sieur de Bouis, sur la licitation qui en fut introduite et poursuivie, le marquis du Châtelet est devenu propriétaire de la totalité de cette maison suivant une sentence d'adjudication du 12 juin 1756 ; au même instant, pour acquitter une créance, dont était grévée cette maison envers l'hôpital de Saint-Joseph de la Grave de Toulouse, le marquis et la marquise du Châtelet ont emprunté, *solidairement,* de la demoiselle de Villoy, suivant une obligation du 15 mai 1756, une somme de 25,000 livres ; ensuite, pour faire des réparations à cette maison, le marquis et la marquise du Châtelet ont souscrit solidairement, par un acte devant notaire, le 19 décembre 1756, un devis et marché avec les ouvriers qui doivent y être employés ; enfin, l'adjudication de cette maison ayant donné ouverture à des droits de lods et ventes, en faveur du sieur comte de Clermont, il fut rendu, le 17 mai 1757, en la justice de l'abbaye de Saint-Germain-des-Préz, une sentence qui condamna le marquis et la marquise du Châtelet au payement de ces droits de lods et ventes. Le prix de cette adjudication n'était pas payé, lorsque le désordre énorme des affaires du marquis et de la marquise du Châtelet forcèrent leurs créanciers à faire saisir réellement tous leurs biens ; du nombre se trouva la maison rue Saint-Guillaume. Le marquis de Chamoy, qui, dans le principe, était propriétaire de cinq douzièmes de cette maison, et qui, depuis, l'était devenu de six autres douzièmes, se trouva créancier de la presque totalité du prix de cette maison et crut plus utile, pour éviter les longueurs d'une discussion, de former la demande en rentrée en possession; elle fut accueillie et ordonnée, par différents arrêts des 7 avril, 23 juin, 28 juillet 1759 et 31 janvier 1760. Le dernier de ces arrêts prescrivait au marquis de Chamoy de payer à la demoiselle de Villoy, qui, au moyen du prêt par elle fait de 25,000 livres au marquis et à la marquise du Châtelet *solidairement*, était subrogée à l'hôpital de Saint-Joseph de la Grave de Toulouse, la somme de 20,201 livres, jusqu'à concurrence de laquelle les 25,000 livres avaient été employées à éteindre cette dette; ce même arrêt régla en outre que le marquis de Chamoy payerait aux ouvriers, ayant le marquis et la marquise du Châtelet pour obligés solidaires, ce qui resterait en ses mains du prix de l'estimation, moyennant laquelle il rentrerait en possession après l'acquittement des onze douzièmes à lui dus. Cette somme s'est trouvée être de 2,547 livres 19 sols 2 deniers.

Le marquis de Chamoy a effectué ces deux payements, suivant deux quittances des 22 mai 1760 et 25 mars 1761, portant subrogation, ainsi qu'elle avait été prononcée par les arrêts, aux droits et hypothèques de la demoiselle de Villoy et de ces ouvriers.

Aussitôt après cette rentrée en possession, les représentants du sieur Angenoust du Bouis qui avait vendu au marquis et à la marquise du Châtelet, *solidairement*, le douzième à lui appartenant, obtinrent le 13 mai 1764, contre le marquis de

Chamoy, une sentence aux requêtes du Palais, qui le condamna à leur payer 3,911 livres 10 sols qui leur restaient dus du prix de ce douzième, avec les intérêts à compter du 8 mai 1760, jour de la rentrée en possession effectuée ; la même sentence prononcée en faveur du marquis de Chamoy, le recours et la garantie contre le tuteur du fils mineur du marquis du Châtelet et contre le curateur à l'interdiction de la marquise du Châtelet. En exécution de cette sentence, le marquis de Chamoy a payé 4,551 livres 16 sols 5 deniers, suivant une quittance du deux août 1764 portant toute subrogation.

De son côté, le sieur comte de Clermont s'adressa au marquis de Chamoy, comme détempteur, pour se procurer le payement des lods et ventes, auxquels il avait fait condamner le marquis et la marquise du Châtelet, conjointement, par la sentence de la justice du 17 mai 1757 ; cette prétention engagea une contestation dans laquelle le marquis de Chamoy appela le poursuivant la discussion des biens du marquis et de la marquise du Châtelet et les tuteur et curateur, ainsi que le procureur plus ancien. Le poursuivant interjeta appel de la sentence du 17 mai 1757, soutenant que la marquise du Châtelet ne pouvait être tenue des droits de lods et ventes réclamés par le comte de Clermont pour l'adjudication du 12 juin 1756 ; un arrêt rendu sur productions respectives confirma purement et simplement la sentence, la déclara exécutoire contre le tuteur du marquis du Châtelet, mineur, et *contre le curateur à l'interdiction de la marquise du Châtelet*, condamna le marquis de Chamoy à payer

le sieur comte de Clermont, prononça toute subrogation au profit du marquis de Chamoy, lui accorda
son recours contre les tuteur et curateur.

Cet arrêt a été exécuté. Le marquis de Chamoy
a payé, suivant une quittance du 23 août 1765, le
sieur comte de Clermont qui a consenti la subrogation déjà prononcée par le Parlement.

C'est postérieurement à ces opérations qu'est
intervenu l'arrêt préparatoire d'ordre du 1er décembre 1769 qui cause aux exposants le tort
énorme dont ils se plaignent.

Le marquis de Chamoy subrogé, et par les dispositions du jugement et par les termes exprès des
quittances aux droits des créanciers originaires du
marquis et de la marquise du Châtelet, ceux-ci
obligés l'un et l'autre *solidairement ou condamnés
l'un et l'autre conjointement*, le marquis de Chamoy
exerçant des recours de garantie consacrés par des
jugements authentiques et fondés sur le fait qu'il
avait acquitté la dette du marquis et de la marquise
du Châtelet, ces derniers étant condamnés solidairement, le marquis de Chamoy qui avait demandé
la collocation sur le prix des biens, tant du marquis
que de la marquise du Châtelet, a vu que cet arrêt
(sans doute pour un vice de rédaction, car à cet
égard, *il faut sauver toute injure à la mémoire du
sieur Abbé Ferrai, rapporteur de cet ordre)* ne le
colloquait que sur le prix des biens du marquis du
Châtelet. Des événements publics ont suspendu la
connaissance et l'exécution de cet ordre au marquis
de Chamoy ; il est venu à décéder ; la liquidation de
sa succession a seule fait connaître à ses héritiers

les droits qu'ils réclament ; des minorités en ont retardé l'exercice ; des absences pour services militaires ont éloigné le moment de s'en occuper. Les préliminaires de l'Instruction qu'ils suivent pour se faire rétablir au nombre des créanciers de la marquise du Châtelet, ne leur ont pas permis de s'appercevoir jusqu'à ce moment des moyens par lesquels le poursuivant la discussion les repousse ; et c'est tout récemment que ce poursuivant leur oppose celui résultant de l'Arrêt.

Les exposans peuvent, avec confiance, entrer en lice sur ce moyen de forme, dans lequel le poursuivant n'affecte de se renfermer avec tant de soin, que parce qu'il se reconnaît trop faible pour attaquer les actes et les jugements qui fondent leurs créances.

D'abord la chose jugée n'est pas si irréfragable qu'elle ne puisse être réformée, surtout lorsque, comme dans l'espèce, il y a des contrariétés aussi frappantes : les exposans peuvent en présenter quatre bien sensibles, entre les jugemens qui ont précédé l'arrêt d'ordre du 1er décembre 1769 et ce même arrêt, relatives à la demoiselle de Villoy, aux ouvriers et au sieur Angenoust de Bouis, et celles qui concernent la marquise de Chamoy : le rapprochement des uns et des autres en fournira la démonstration la plus complotte. Quant à la créance procédante de la demⁱˡˡᵉ de Villoy, les arrêts des 7 avril 1759 et 4 mars 1760, en ordonnant le payement de cette demoiselle de 20,201 livres 1 sol 6 deniers, ont prononcé au profit du marquis de Chamoy la subrogation aux droits et actions de la demoiselle de Villoy qui avait le marquis et la marquise du Châtelet pour obligés solidaires. Et cependant, pour la somme de 10,411¹ 9ˢ 6ᵈ de laquelle pour le moins fait certainement partie celle de 1683¹ payée à ladite de Villoy par le marquis de Chamoy, pour cette somme de 10,411¹ 9ˢ 6ᵈ qui forment l'excédant du prix de l'aliénation, moyennant lequel le marquis de Chamoy a été envoyé en possession et dont, par l'arrêt du 28 juillet 1769, la condamnation formelle et positive a été prononcée contre la marquise du Châtelet, le marquis de Chamoy n'est colloqué que sur les biens du marquis du Châtelet seulement, par l'arrêt du 1ᵉʳ décembre 1769. Ce même arrêt, p. 150, colloque la demoiselle de Villoy sur les biens du marquis et de la marquise du Châtelet conjointement pour 4,798¹ 19ˢ 6ᵈ qui lui restent dus du capital de son obligation du 15 mai 1756; au moyen de ce que la somme de 25,000¹ y contenue n'avait été employée que jusqu'à concurrence de 20,201¹ 1ˢ 6ᵈ, et cependant pour ces mêmes 20,201¹ 1ˢ 6ᵈ, qui dérivent du même titre de l'obligation de 25,000¹ souscrite solidairement par le marquis et la marquise du Châtelet, pour lesquels les arrêts de 1759 et 1760 ont prononcé la subrogation, le marquis de Chamoy n'est colloqué que sur les biens du marquis du Châtelet seulement. A l'égard des 2,547¹ 19ˢ 2ᵈ payés au sⁱ Couvers et aux ouvriers, par les arrêts des 23 juin 1759, 31 janvier et 4 mars 1760, le marquis de Chamoy a été condamné à leur compter cette somme à valoir sur leurs ouvrages, pour lesquels ils avaient le marquis et la marquise du Châtelet pour obligés solidaires, aux termes du

devis et marché du 19 décembre 1756 ; le marquis
de Chamoy en les payant a été subrogé aux droits
qui leur étaient acquis contre le marquis et la marquise du Châtelet solidairement ; et cependant le
marquis de Chamoy pour ces 2,547¹ 19ˢ 6ᵈ, par
l'arrêt du 1ᵉʳ décembre 1769 n'a été colloqué que sur
le marquis du Châtelet seulement. Il y a plus, par
ce même arrêt p. 152 et 169, l'on voit ces ouvriers
colloqués sur le marquis et la marquise du Châtelet
conjointement, pour ce qui leur reste dû du mon-
tant de leurs ouvrages, déduction faite des 2,547
19ˢ 6ᵈ par eux reçus du marquis de Chamoy ; l'on
remarque en outre dans la collocation de ces ouvriers, que, sur l'appel interjetté par le poursuivant
de différentes sentences obtenues par eux contre le
marquis du Châtelet, appel motivé sur ce que le
marquis du Châtelet avait été condamné envers
ces ouvriers, ces sentences ont été confirmées et
cependant, lorsque la somme de 2,547¹ 19ˢ 6ᵈ est
de même nature, lorsqu'elle fait partie de celles
pour lesquelles les ouvriers sont colloqués sur le
marquis et la marquise du Châtelet conjointement,
le marquis de Chamoy n'est colloqué que sur les
biens du marquis du Châtelet seulement pour les
2,547¹ 19ˢ 6ᵈ dont il s'agit.

Pour ce qui concerne la somme de 4,551¹ 16ˢ 5ᵈ,
payée par le marquis de Chamoy aux représentant
le sieur Angenoust de Bouis, l'on est frappé d'é-
tonnement en voyant que, lorsque le marquis de
Chamoy a un titre si positif dans la sentence des
Requêtes du Palais du 13 mai 1764, qui, en con-
damnant le marquis de Chamoy à payer ce qui res-

tait dû du douzième acquis par le marquis et la marquise du Châtelet conjointement, lui accorde son recours contre le curateur à l'interdiction de la marquise du Châtelet, néanmoins la collocation de cette même somme ne soit pas ordonnée par l'arrêt du 1er décembre 1769 sur les biens de la marquise du Châtelet. L'étonnement redouble à la vue des collocations prononcées par le même arrêt, p. 145 et 147, au profit du sieur Augenoust de Bouis pour des portions d'intérêts et des frais et mises d'exécution, causés pour l'acquisition faite par le marquis et la marquise du Châtelet, conjointement suivant l'acte du 26 février 1755, et lorsque l'on est forcé de reconnaître que, pour le capital qui a donné lieu à ces intérêts et à ces frais et mises d'exécution, le marquis de Chamoy n'a été colloqué (3 pages après) que sur les biens du marquis du Châtelet seulement. L'objet des lods et ventes, payés au sieur comte de Clermont pour ne pas présenter une contrariété entre les dispositions du même arrêt du 1er décembre 1769, n'en offre pas une moins évidente, entre la collocation portée par le même arrêt et un précédent du 13 juillet 1765. Celui du 13 juillet 1765 confirme formellement la sentence du bailli de l'Abbaye de Saint-Germain-des-Prez du 17 mai 1755 dont il n'avait été interjetté appel qu'en ce que la marquise du Châtelet avait été condamnée au payement des lods et ventes, textuellement il accorde au marquis de Chamoy le recours *contre le curateur à l'interdiction de la marquise du Châtelet* tenu de lui restituer les sommes à payer au sr comte de Clermont auquel il est subrogé et par l'arrêt et par la quittance; et cependant, chose étrange, l'arrêt du 1er décembre 1769, ne prenant en aucune considération ce qui était décidé par celui du 13 juillet 1765 colloque le marquis de Chamoy sur les biens du marquis du Châtelet seulement.

Après des contrariétés si palpables, sied-il bien à un poursuivant d'invoquer un arrêt? Est-il bien fondé à se prévaloir, pour colorer l'injustice de sa défense, de l'espace de temps qui s'est écoulé depuis l'arrêt du 1er décembre 1769. Sur ce point, s'il ne suffisait pas des considérations présentées par la marquise de Chamoy et ses enfants, les exposans pourraient le forcer à articuler positivement de quelle manière il entend faire courir contr'eux le délai pour se pourvoir par les voyes de droit contre les arrêts de cours souveraines, et peut-être les exposans auraient l'avantage d'établir par le fait même de leur adversaire, que les choses sont entières et qu'encore ils sont à tems de solliciter, de notre bonté, les lettres de requête civile dont la ressource leur appartient, pour faire réformer les dispositions d'un arrêt, si contraires entr'elles, si opposées à de précédens jugemens, et qui les privent de droits et créances infailliblement assurés. Mais, comme en matière de discussion de biens, l'intérêt commun des créanciers déjà trop à plaindre de voir leur gage compromis et leur payement reculé, le besoin de venir à leur secours, en diminuant les frais des réglemens particuliers enfin peut avoir admis sur la signification des arrêts d'ordre des formes différentes de celles indiquées par les ordonnances pour la notification des arrêts dans les cas ordinaires; comme le poursuivant se prévaut du laps de dix-huit années, depuis cet arrêt du 1er décembre 1769, les exposans ont cru, pour prévenir toutes difficultés, devoir recourir à notre autorité, en nous suppliant de leur accorder des lettres de requête civile et de relief de laps de tems sur ce nécessaires; à l'effet de quoi ils ont pris l'avis de Mes Caillau, Godart, de Fergy et Hardoin, anciens avocats au Parlement de Paris, sur le rapport qui lui en a été fait par Me Gérardin de Saint Remy, aussi avocat au Parlement et en nos conseils, qui ont estimé qu'ils étaient bien fondés à solliciter de nous cette grâce.

A ces causes désirant subvenir à nos sujets suivant l'exigence des cas et voulant favorablement traiter les exposans, Nous vous mandons que, s'il vous appert de ce que dessus et autres choses, tant que suffire doivent, en ce cas vous remettiez les parties en tel et semblable état qu'elles étaient avant l'arrêt du 1er décembre 1769, et ce sans avoir égard au laps de temps, qui s'est écoulé depuis ledit arrêt, dont Nous avons, de notre grâce spéciale, pleine puissance et autorité royale, relevé lesdits exposans, comme Nous les relevons par ces présentes, nonobstant clameur de haro, chartre normande, tous édits, déclarations, ordonnances, arrêts et règlemens contraires, auxquels Nous avons dérogé et dérogeons par ces mêmes présentes, pour ce regard seulement et sans tirer à conséquence; *Car tel est notre bon plaisir.*

Donné à Versailles le 27ᵉ jour du mois de février, l'an de grâce 1788 et de notre règne le 14ᵉ.

Par le Roi en son conseil, Mˢ DE MIRBECK, secrétaire du Roi (1).

III

Après la lecture de ce long grimoire du xviiiᵉ siècle, qui porte bien l'empreinte judiciaire de l'époque, assurément très net, mais rempli de formules surannées, de redites inutiles et fatigantes, on peut se rendre un compte parfaitement exact de la situation financière de la famille du Chastellet.

Quelques historiens modernes ont pris plaisir cependant à la présenter comme plus mauvaise qu'elle ne le fut réellement.

Bien que la marquise d'Urfé eût conservé la grande fortune des de Pontcarré, qu'elle se fît niaisement dévorer par d'habiles chevaliers d'industrie, je ne sache pas que l'on se trouve dans la misère la plus noire quand on peut acheter une maison à Paris et que l'on jouit d'un crédit suffisant pour emprunter 25,000 livres, somme relativement élevée pour ce temps.

Dans son dernier ouvrage, *Histoire du château de la Bastie d'Urfé et de ses seigneurs,* M. le comte

---

(1) Extrait des *Lettres-patentes scellées, minutes 1788 : Janvier-Mars. — Vol. mss.* O 1341 A *des Archives Nationales.*

Georges de Soultrait (1) a évidemment exagéré la note.

Il importe peu de rechercher ici par quels motifs il s'est laissé guider. Je me borne à constater, avec regret, un fait sur lequel on est généralement d'accord.

Par respect pour la mémoire d'un écrivain qui eut son heure de renommée, je ne veux point faire connaître l'opinion qu'expriment aujourd'hui, sur sa valeur personnelle, certains hommes très en vue du monde archéologique qu'il considérait naïvement comme ses amis les plus dévoués.

Le premier chapitre de cette publication, qui n'est en réalité qu'un très bel album d'illustrations, renferme plusieurs inexactitudes inconscientes ou voulues, qu'il est important de signaler. L'anecdote que raconte l'auteur au sujet des deux sœurs Colettes du couvent de Sainte-Claire de Montbrison, donnant au pauvre marquis, sur sa demande, six livres pour acheter une paire de souliers, est aussi invraisemblable que celle de la nourrice de la Bastie. Il donne en outre sur la jeunesse d'Achille du Chastellet, qu'il nomme irrévérencieusement le *triste descendant des d'Urfé*, son séjour en Forez, sa vie privée et sa carrière militaire, des renseignements qui manquent de vérité et qu'il n'appuie d'aucunes preuves.

Ce n'est point ainsi que doit s'écrire l'histoire :

(1) M. Richard de Soultrait (Georges), né à Toury-sur-Abron (Nièvre), le 27 juin 1822, est mort au même lieu le 13 septembre 1888.

on ne s'explique guère cette regrettable tendance de M. de Soultrait, étant données la réputation qu'il avait acquise, des connaissances archéologiques incontestables et surtout sa situation de fortune qui lui permettaient, mieux qu'à personne, de s'entourer des renseignements les plus complets. Il ne faut pas s'en tenir uniquement aux traditions orales, qui peuvent être utilisées surtout comme jalons dans toute œuvre historique, mais ne sauraient, en aucun cas, remplacer des matériaux d'une authencité inattaquable, qu'il est toujours possible de se procurer, à la condition d'y consacrer de longues et patientes recherches.

Chose incroyable, il ne soupçonnait nullement l'existence des *piéces originales* des familles de France, conservées à la Bibliothèque nationale. Elle lui fut révélée, comme il l'avoue lui-même, par notre compatriote, M. Stéphane Geoffray, qu'il avait d'abord choisi pour collaborateur et qui, dans ce but, avait réuni de nombreux et très précieux documents qui durent rester sans emploi, pour des motifs que personne n'ignore (1).

---

(1) Stéphane Geoffray désirait que l'*Histoire de la Bastie et de ses Seigneurs,* qui présente un si grand intérêt pour le Forez, fut très complète et surtout exacte dans ses moindres détails.

Des divergences d'appréciations ne tardèrent pas à se produire entre les auteurs, d'abord sur l'ancienneté et l'honorabilité de la famille du Chastellet, ensuite sur la façon dont il fallait juger le caractère du dernier descendant des d'Urfé et le rôle qu'il joua pendant la Révolution.

Ces difficultés, compliquées par des sollicitations d'imprimeurs et celles plus pressantes encore de divers intéressés qu'il connut, le décidèrent à abandonner une collaboration qu'il avait préparée avec beaucoup de soin et de sérieux sacrifices.

Certes, je ne partage pas toujours les idées politiques des parvenus qui nous gouvernent vers cette fin de siècle; je suis libéral à ma façon et conserve avec respect des traditions de famille, qui sont le plus clair de l'héritage que m'ont laissé mes pères, mais je ne puis m'empêcher d'avouer que j'ai été séduit par la noble figure d'Achille du Chastellet si peu connue jusqu'à ce jour. Aussi dirai-je bientôt sans aucune prévention et avec la plus grande sincérité, après l'avoir suffisamment étudiée comment il faut juger cette intéressante physionomie et le caractère de ce gentilhomme, qui, semblant oublier le sang qui coulait dans ses veines, eut l'audace de demander l'abolition de la royauté.

Ambitieux, oui, il l'était, comme tout homme doit l'être ici-bas, et il dut éprouver un instant de profonde amertume, de regrets sincères, quand il vit la tournure que prenaient les événements et ce qu'allait devenir la France, dans les mains des misérables en qui il avait eu confiance. Il eut surtout l'honneur — ce qui dut le consoler — d'être traité en ami par les personnages les plus célèbres, qui, sincèrement convaincus, firent d'admirables choses, mais furent impuissants à maîtriser les revendications populaires et cherchèrent sans succès à contenir le torrent qui allait engloutir la noblesse, au profit d'une nouvelle couche sociale.

Je ferai, une fois pour toutes, bonne justice d'assertions erronées, d'appréciations injustes, et montrerai sous son véritable jour ce qu'il faut penser de la carrière militaire du général Achille du Chastellet, personnalité marquante pendant la Ré-

volution, qui semblait appelé à jouer un rôle important dans les événements qui la suivirent, si, dans
un moment de désespérance, incapable peut-être de
supporter les douleurs atroces d'une grave blessure
reçue au service de sa patrie, manquant de foi en la
divine Providence, redoutant plus encore l'ingrati-
tude des hommes, il ne se fût volontairement donné la
mort dans sa cellule de la Force, où il était détenu
comme *suspect*, le 20 mars 1794, emportant pour
jamais dans la tombe le glorieux nom d'Urfé.

Arthur DAVID.

ACHILLE-FRANÇOIS DE LASCARIS D'URFÉ

MARQUIS DU CHASTELLET

LIEUTENANT GÉNÉRAL DANS LES ARMÉES DE LA RÉPUBLIQUE

1759-1794

PAR

ARTHUR DAVID

ROANNE, IMPRIMERIE CHORGNON ET BARDIOT

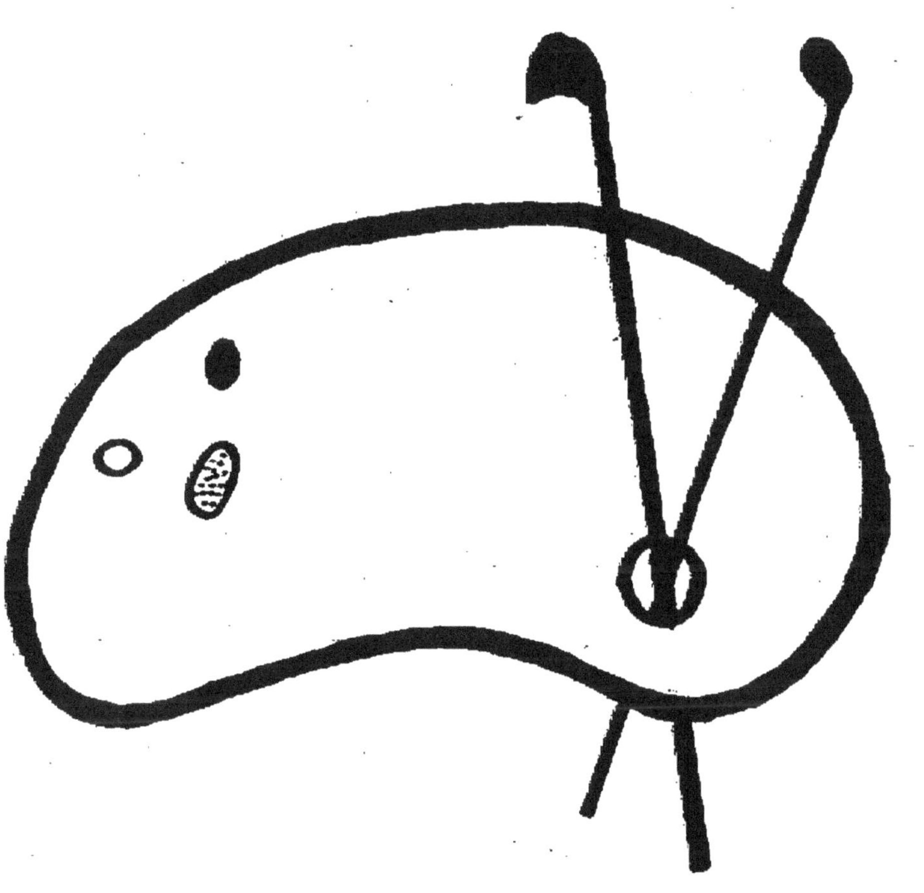

ORIGINAL EN COULEUR

NF Z 43-120-9